Pierre Thiry
anime régulièrement des ateliers d'écriture.
Il est auteur de

Romans
Ramsès au pays des points-virgules BoD 2009
(fiction fantaisiste pour lecteurs de dix à cent-dix ans)

Le Mystère du pont Gustave-Flaubert BoD 2012
(polar décalé)

Recueils de poésie

La Trilogie des Sansonnets (trois cent sonnets publiés de 2015 à 2019) :
Sansonnets un cygne à l'envers, BoD 2015
Sansonnets aux sirènes s'arriment, BoD 2018
Sansonnet sait du bouleau BoD 2019

Sois danse au vent, BoD 2020
(quatre-Vingt-dix sonnets et quinze rondeaux d'une année Vingt)

Contes pour enfants

Isidore Tiperanole et les trois lapins de Montceau-les-Mines BoD 2011
(conte pour enfants illustré par Myriam Saci)

La Princesse Élodie de Zèbrazur et Augustin le chien qui faisait n'importe quoi BoD 2017
(album illustré par Samar et Hani Khzam).

Consultez
http://www.pierre-thiry.fr

Termine au logis
par Pierre Thiry

Cent Rondeaux d'un été
pour savourer l'automne
l'hiver au chaud chez soi
et le retour du printemps
avant l'été de nouvelles lumières à venir...

BoD 2020

Préface
par
Jean-Marc Quillet[1]

Les rondeaux sont pleins de refrains.
Sont-ils plaints d'heureux freins ?
Je ne sais. Mais ce que je peux dire, écrire, c'est que les rondeaux de Pierre Thiry nous entraînent vers un bonheur de lire sans frein. Ils sont entraînants. Comme des refrains.
Les rondeaux sont pleins de refrains.
Les refrains sont-ils pleins de ronds d'eau ?
Je ne sais. Mais ce que je peux déclarer, c'est que les pierres, que jette Pierre Thiry à la surface des pages blanches, agitent leurs surfaces d'ondes plus ou moins concentriques pour nous entraîner à nous concentrer autour et au centre de ces ronds. Oui, nous concentrer autour tout aussi bien qu'au centre.
  C'est le délice de ces rondeaux de décentrer la substance des choses, comme pour nous permettre de regarder au travers du prisme éternellement renouvelé de l'onde animée de ronds.
  De ronds d'eau, bien entendu. Considérés en leur centre ou leur entour, observés de face ou de dos. Des dessous vus de dessus et par-dessus des regards en dessous. Des rondes, oh ! de dos, nous oublions les histoires de faces. Nous n'avons faim que de refrains. Sans fin, donc.
  Les rondeaux sont pleins de refrains qui, de longtemps, ne s'épuisent. Ils tournent, ils tournent... Ils virevoltent. Et de

---

[1] Jean-Marc Quillet est musicien, artiste attentif aux bruits du monde. On le connaît pour ses participations aux groupes "Tous Dehors", QDD la "Quincaille à DéDé", Katrami Duet... Il est auteur du livre *Musique et Théâtre* (Editions L'harmattan 2015).

voltes en faces, font face à ce qui nous tourne le do, la manivelle de la musique à refrain. Cette musique est la seule qui peut se graver sur des rouleaux qui tournent indéfiniment. Sans fin. Comme des canons. Cependant, c'est une illusion. Les rondeaux sont pleins de refrains, oui, mais ils sont riches aussi de développements. Ils s'échappent, ils s'évadent, ils cherchent à contourner leurs propres cercles. C'est un effet d'anneau de Mœbius. Ils sont concentrés et, à la fois, simultanément, ils ouvrent leurs brèches vers les horizons des questionnements. Infinis aussi, les questionnements.

    Bref.
    Les rondeaux sont d'infinis refrains riches d'une infinité de couplets. Ils sont l'image littéraire de notre univers, dont l'existence tient la ligne d'équilibre entre la gravitation et l'expansion. Deux forces infinies qui, peut-être, se rejoignent en des points qui nous échappent. Le saurons-nous jamais ?

    Peut-être...
    En lisant les rondeaux d'été de Pierre Thiry.
    Et dans l'attente de ceux des autres saisons.
    Car les saisons sont les refrains du temps.

    Notre planète est une sphère en forme de « O ». Elle tourne, elle tourne. Sur elle-même et autour du soleil. Autour de son centre comme autour du centre de son entour.

    Et, de saisons en saisons, elle trace dans le cosmos les cercles de nos vies. Les saisons sont nos ronds d'« O ». Alors, après ceux de l'été, vivement ceux de l'automne !

    Sens rondeau d'automne, comme la plume de Pierre Thiry s'affûte à tes marrons chauds et à tes feuilles mortes. Mortes, les feuilles !? Mais non ! Elles attendent leurs rondeaux.

1° Il charlate
25 Juin 2020

Il charlate une chanson plate
Dont l'ample rhétorique éclate
En slogans fautifs mais copieux
Animés d'un rythme obséquieux,
Éblouissant, presque écarlate.

Sois méfiante au chant qui te flatte
Sans aucun scrupule il frelate
Un refrain froissé broussailleux.
Il charlate.

Naïve grive au chant joyeux
Qui répond au merle spécieux
Bluffée par l'allure immédiate
Du baratineur qui t'appâte,
Méfie-toi du merle oublieux,
Il charlate.

2° Il paradait
26 Juin 2020

Il paradait à perdre haleine
Vantard déployant sa bedaine
Il exécutait en baudet
Le trajet qu'un blanc Muscadet
Fit de Paris jusqu'à Modène.

Il imitait le Muscadet
Avec ses airs de grand dadais
Touriste écrivant ses fredaines
Il paradait.

Son encre roulait en fontaine
De grands refrains digue-dondaine
De gros couplets qu'il nous bradait
Sur des ponts-neufs qu'il bombardait
Jusqu'à la fin de la semaine
Il paradait.

3° Le triacleur
1er Juillet 2020

Le triacleur vend sa thériaque,
En apothicaire élégiaque.
Il prétend soigner par les fleurs
Le ronronnement des ronfleurs
Mais son remède vous détraque

L'estomac, le rythme cardiaque ;
Il vous transforme en insomniaque...
Évitez cet écornifleur,
Le triacleur..

C'est un violoniste racleur,
Un saltimbanque, un bateleur,
Un grugeur d'hypocondriaques,
Aux approximations foutraques
Il charlate, il ruse, enjôleur,
Le triacleur.

4° Il perpétue
3 Juillet 2020

Il perpétue dans ses discours
L'épisode épique au long cours,
Celui qu'un roman restitue
Lorsqu'une princesse têtue
Impatiente ses troubadours.

Par ses couplets pleins de détours
Dans d'astucieux allers-retours
Il décrit répète accentue
Il perpétue.

Évoquant d'antiques atours,
Dans un château à hautes tours
Où règne la dame invaincue
(Au pouvoir chacun s'habitue)
L'artiste accentue les contours,
Il perpétue.

5° Il restitue
3 Juillet 2020

Il restitue en longs discours
Un voyage épique au long cours,
Celui qu'un roman perpétue
Lorsqu'une princesse têtue
Veut échapper aux troubadours.

Dans des couplets pleins de détours
Par d'astucieux allers-retours
Il décrit rappelle accentue
Il restitue.

Il peint ses baroques détours
Par-dessus de très hautes tours
La montgolfière s'évertue
À s'enfuir, le ciel s'habitue,
Grâce à ses nuageux contours,
Il restitue.

6° Le cheval étonné
Vendredi 3 Juillet 2020

Le cheval étonné caquète.
Tandis que reluit la pastèque
Sous un soleil baguenaudant
Dans des nuages paradant,
La pastèque éclairée hoquète.

La grenouille réveillée s'inquiète,
Elle enfourche sa bicyclette
Et constate un fait confondant :
Le cheval étonné caquète.

Surprise Dame grenouille enquête
Est-il saucisse ou bien poulette ?
Ce suspect semble être un brigand,
L'enquêtrice enquête sans gants,
Et conclut à la fin sa requête :
Le cheval étonné caquète.

7° Il chante il chuchote
Lundi 6 Juillet 2020

Il parle, il perle et ses mots roulent,
Il chante et chuchote, ils s'enroulent.
Elle est bergère il est bavard.
Il romance, écrivain buvard,
Une idylle où les mots déroulent

Un monde émouvant par hasard,
Une onde où bruisse un boulevard,
Une ode où des rythmes s'écoulent.
Ils parlent, perlent leurs mots roulent.

Leur conte immense et montagnard
Remémore un pauvre cagnard
Où brille un torrent qui s'écoule,
Tandis qu'une cascade croule,
En noyant leur chant de bagnards.
Ils parlent, perlent, leurs maux roulent.

8° Maupassant, n'oublie pas
Mardi 7 Juillet 2020

Maupassant n'oublie pas ton masque !
Hors... là... court le SRARS sur le flasque.
Il chevauche tes postillons,
Pour assaillir nos portillons
D'un Pays de Caux vide en frasque.

Nous paradons, nous scintillons,
Mais du Caux vide aux vains bouillons
Surgit l'insidieuse tarasque.
Maupassant n'oublie pas ton masque !

N'oublie pas la distanciation,
Le geste barrière en ration,
Mets ta cuirasse et puis ton casque.
Sois sanitaire à pleine vasque,
Frotte, aseptise avec passion.
Maupassant n'oublie pas ton masque...

9° Les tableaux de l'antiquité
Jeudi 9 Juillet 2020

Les tableaux de l'antiquité
Étaient-ils tubes d'un été ?
Épicés d'arts électroniques ?
Produits markétings iconiques,
En taux chiffrés étiquetés ?

Ces petits reliefs marquetés,
Ces fabliaux déchiquetés,
Narrent en silences toniques
Les tableaux de l'antiquité...

Ces volatils sont symétriques.
Ces oiseaux sont-ils numériques ?
Leur mystère est-il décrypté
En taux de rentabilité
Par des valeurs arithmétiques :
Les tableaux de l'antiquité ?

10° L'ombre près du ruisseau
Vendredi 10 Juillet 2020

Il n'est hauteur qui ne s'apprête
À se pousser de l'épaulette...
Là-haut dominant le hameau,
Sur sa colline, un fier chameau
Haussait sa bosse analphabète.

Dans le vallon, la chansonnette
D'une chanteuse à l'épinette
Vantait l'ombre près du ruisseau.
Il n'est hauteur qui ne s'apprête.

Sur sa colline le chameau
Méprisait les chants du hameau
Mais n'entendait point l'alouette
Qui chantait plus haut à tue-tête...
Ignorant trop souvent l'oiseau,
Il n'est auteur qui ne s'apprête...

11° L'auteur épris de distordu
Dimanche 12 Juillet 2020

Masqué d'un masque inattendu
L'auteur épris de distordu,
Attentif au cacophonique,
Découpait discret sa chronique
D'un style au brocart détendu.

Il regardait l'argent fondu
Jouer d'un reflet distendu
Dans la verdure laconique,
Masqué d'un masque inattendu.

Il capturait l'art ironique.
Virtuose mnémotechnique,
Il s'exprimait l'air entendu,
Sous un treillage hypertendu,
D'une plume pyrotechnique,
Farce et damasquine, attendue.

12° Un tout ce qu'on quoi
12 Juillet 2020

Enfin me diras-tu pourquoi
On ne dit pas « tout ce qu'on quoi » ?
Pour résumer tes mille phrases
C'est pourtant simple et sans emphase
C'est si mutin « tout ce qu'on quoi »...

Il tire un arc de son carquois
Il joue mythique un jeu de quoi
La proue de son vaisseau s'envase
Enfin me diras-tu pourquoi ?

Sa réponse enlisée s'évase,
Une Aphrodite orne son vase.
Christophe un peu Colomb ou quoi
Observe l'horizon narquois.
Le soleil questionné s'embrase
Enfin me diras-tu pourquoi ?

13° Il broie du noir
Lundi 13 Juillet 2020

Il broie du noir sur la feuille blanche
La proie s'enfuit, le texte flanche,
L'étrave entraîne et joue, bondit.
Dans son hors-bord fuit un bandit...
C'est un esquif fait de vieilles planches

D'un arbre oublié dont les branches
Font trembler le roman qui tranche
Le souffle du lecteur, tandis
Qu'il broie du noir sur la feuille blanche.

Il analyse, approfondit
Cette fuite et tous ces non-dits
Le suspense augmente et déclenche
Un drame à la confusion franche
Dont l'auditeur sort interdit :
Il croît du noir sur la feuille blanche.

14° Insoucieuse
13 Juillet 2020

La plus longue phrase insoucieuse
S'élance, immense et silencieuse,
À nos oreilles, troublant roman
Qui s'embrouille au bluffant moment
Des péripéties malicieuses.

Son souffle a la joie capricieuse,
Sa langue a la rime astucieuse,
Sa houle a le rythme entraînant
D'une longue phrase insoucieuse.

Proliférante intensément,
Rythmée du cœur infiniment,
Elle s'étire lumineuse,
Enflammant sa rime glaneuse
Qui flamboie fugitivement
Dans sa longue phrase insoucieuse.

15° K
Mardi 14 Juillet 2020

Le K (tord jeux jus y est) vint.
C'était un joueur du ravin,
Tordu par ce qu'il aimait mordre,
S'éclairant de peu pour y tordre
Car de l'ombre fuse écrit vain.

Joueur de l'an deux mille vingt,
Il buvait un nectar divin
Tandis qu'il courbait le morne ordre.
Le K —tord jeux jus y est— vint.

K vint arrondir son désordre,
Tordant son ombre afin d'y mordre
L'hymne d'un été d'écrivain.
Médaillé d'un festival vain,
Subversif plutôt qu'en démordre :
Le Quatorze Juillet vint.

16° La chaise du poète
Mardi 14 Juillet 2020

La chaise immobile est muette
Et noire en bois d'ébène honnête.
Empaillée d'osier fatigué,
Elle a, paraît-il, navigué
Dans les airs comme une alouette.

C'est une chaise de poète,
Une chaise un peu désuète
Mais dans le ciel, elle a vogué
La chaise immobile et muette.

Dans un aéronef guindé :
Un dirigeable fatigué,
Elle a volé dans la tempête
Aussi leste qu'une mouette
Autour du monde elle a vogué
La chaise mobile et muette.

17° L'arable
Mercredi 22 Juillet 2020

L'arable invite l'agricole
L'agriculteur aime l'école
Mais préfère un riche terreau
Celui qui nourrit ses poireaux
Protégés des cavernicoles.

Ainsi sa vie de bricole
Du rafistolage horticole
Aux paysages picturaux.
L'arable invite l'agricole.

C'est mieux qu'une vie de bureau
Ce rêve à l'ombre des sureaux
Dans le parfum arboricole
Tandis que l'abeille caracole
Parmi ses pollens structuraux.
L'arable invite l'agricole.

18° L'Éphémère
Mercredi 22 Juillet 2020

L'éphémère égrène éternel
Ce céleste excès de réel.
Ève serpente belle et leste
Et s'éprend d'une épée très preste,
Dense et secrètement rebelle...

Dessert déserté de ce tel,
Le désert étrenne ce bel.
Le merle en l'excès de ce geste
Éphémère égrène éternel.

Chercheur d'emmêlé que déteste
Excédé, le pêcheur céleste,
Le rêve exercé de ce sel
Énerve en secret Ève tel
Que geste ferme en flegme reste.
L'éphémère égrène éternel.

19° La paresse est éducative
Mercredi 22 Juillet 2020

La paresse est éducative.
Adopte un rythme en fricative,
Froisse et sourcille au bruissement
De ta cascade en crissement.
Adapte un hymne à tes deux rives.

Écoute ce souffle qu'avive
Cette urbanité émotive.
Note ton vif embrasement,
La paresse est éducative.

Agrippe et dicte en glissant,
Orchestre en boîte, emplissant
Tes poumons des fleurs explosives,
Tutoie les nuages des Maldives,
Escalade en bondissements.
La paresse est éducative.

20° Spectateurs
Jeudi 23 Juillet 2020

Spectateurs, ils s'amusent raides,
Ignorants du vélocipède,
Gardiens du porche ils sont debout
Observant minutieux le bout
D'un interminable intermède.

Ce spectacle est-il un remède ?
Que font ces étranges bipèdes
Dans cette ville de Papous ?
Spectateurs, ils s'amusent, raides.

Ils rêvent peut-être au Ventoux ?
Ou bien aux belles du Poitou ?
Ou bien aux poussées d'Archimède ?
La poésie leur est remède
Ils ont l'humour aigre-doux,
Spectateurs, ils s'amusent, raides.

21° Fenêtres
Vendredi 24 Juillet 2020

Les fenêtres alignées, dignes,
Racontent leur conte et tu clignes
Un œil pour mieux lire en notant
Ce roman qui va mijotant,
Débordant dans tes interlignes.

L'intrigue n'est pas rectiligne
L'écriture en fuyant rechigne.
Un grand steamer sort clapotant
Des fenêtres alignées, dignes.

Un film étrange et tremblotant
Défile alors en tricotant
Un long voyage curviligne
Pendant lequel danse et trépigne
Le carnaval tournicotant
Des fenêtres alignées, dignes.

22° Feu grossier
Lundi 27 Juillet 2020

La méchanceté, la bêtise,
S'alimentent sans expertise
Sur l'écran de télévision
Enfumées par l'imprécision
D'un feu grossier que l'on attise.

L'intelligence est leur hantise.
Les écornifleurs les courtisent,
Elles sèment la confusion,
La méchanceté, la bêtise.

L'esprit s'embrume en érosion,
L'humeur s'embrouille en confusion,
Elles règnent et magnétisent,
Hypnotisent et dramatisent,
S'acharnent jusqu'à l'explosion :
La méchanceté la bêtise...

23° Roman mode d'emploi
Mardi 28 Juillet 2020

Escarpe un peu plus ton mobile.
Il faut donner du volubile,
Ton roman doit se balancer
Sur du vide, il te faut pincer
Ta lyre en accord projectile.

Papillonne ergote immobile,
Claquemure, enterre ta bile,
Écoute la jonquille danser,
Escarpe un peu plus ton mobile.

Soigne ton conte cabossé
Ménage un suspense amorcé,
Sois philosophique et futile,
Sarcastiquement crocodile,
Jusqu'au dénouement renversé,
Escarpe un peu plus ton mobile.

24° L'heure aux freins...
Mercredi 29 Juillet 2020

Ils rythment leur refrain : « froufrou... »
Contemplent la lumière qui joue.
—Albert tu t'endors, lui dit-elle,
Tu te souviens de mes dentelles
Avec leurs nœuds de scoubidou ?

—Je m'en souviens, répond l'époux.
Puis il reprend son chant très doux
Il chante un peu bancal, pas elle...
Ils rythment leur refrain : « froufrou... »

Soudain surgit sous la tonnelle,
En veste sale un peu rebelle
Un guitariste au cheveux roux,
C'est un clown un peu kangourou
Qui d'une voix de tourterelle
Imite l'heure aux freins : « froufrou... »

25° Le pêcheur de nuages
Jeudi 30 Juillet 2020

Avec son épuisette il nage
En l'air le pêcheur de nuages.
Il capte en agitant les bras
Sa bouillie de barbe à papa,
Dans de la crème de nuages.

Ce sont les blancs, pas ceux d'orage,
Que le pêcheur puise au passage.
D'un geste habile et sans fracas,
Avec son épuisette il nage...

Il chasse invisible d'en bas,
Les sirops de barbe à papa
Qui flottent blancs et sucrés, sages,
Et qu'il extrait de ces nuages.
Il n'a pas besoin d'armada,
Avec son épuisette il nage...

26° Madame Abeille
Vendredi 31 Juillet

Madame Abeille dans ses pétales
Trouve à bâtir ses cathédrales
Aux éclairages mordorés,
De beautés et de miels dorés,
Quand fleurissent les estivales.

Elle explore (esthète) et régale
En chorégraphies sidérales
L'oeil des rêveurs revigorés,
Par dame Abeille dans ses pétales...

Les poètes évaporés,
Face à ses gestes adorés,
Admirent parmi son dédale
Les élégances qu'elle décale
Par ses talents élaborés
De dame Abeille, dans ses pétales...

27° La plume...
Samedi 1er Août 2020

La plume sur le sol étonne.
C'est un oubli que l'on fredonne
Un souvenir dont les tissus
Se drapent soudain par-dessus
Le fil des jours trop monotone.

L'orage estival gronde et tonne
Écris sans y mettre une tonne,
Allège il faut être reçu.
La plume sur le sol étonne...

Ce signe illisible et confus
Parle au promeneur à l'affût.
Dans le vallon, des moutons sonnent.
Sur le chemin, l'homme raisonne.
Marquant son pas sous le touffu,
La plume sur le sol chantonne...

28° Le Maladroit
Dimanche 2 Août 2020

Le mât las, droit, sans eux, muet,
N'est qu'un maladroit menuet.
Perdant ses rimes féminines,
Enfariné dans ses famines
Il n'est qu'ombrage désuet...

Procédural il saluait.
Mais la mutine refluait
En désorientant sibylline
Le maladroit sans « e » muet.

Chez elle l'esprit prédomine.
Ses calembours sont trampoline,
Elle est artiste du rouet.
Vertigineuse elle embrouillait
À coup de toupie libertine
Le « malad' roi » sans « e » muet.

29° Indomptable
Lundi 3 Août 2020

Ton regard fascine, indomptable.
Le poète épris d'admirable
Aimanté par sa profondeur
Y plonge insoucieux gambadeur
Vers son vertige inénarrable.

Cette ombre invite insurpassable
La plume à dire intarissable
Ce tournis de l'effet dompteur.
Ton regard fascine indomptable.

Sa force ouvre à l'explorateur
Un précipice inspirateur.
Il y gesticule et s'ensable
En compliquant l'infinie fable
Qu'un seul vers traduit sans erreur :
Ton regard fascine indomptable.

30° Le nuage et l'autruche
Mardi 4 Août 2020

Elle est rapide et file vite.
Mais le rêve en retard l'évite.
Il préfère orner la lenteur
Du nuage qui veille en flâneur
Sur l'art du sentier qui hésite.

Vaste et poète, il flâne, évite
Le rythme idiot qui crispe excite
L'autruche au bâclage oppresseur :
Elle est rapide et file vite.

Elle est pressée mais semble en fuite
Lui, dans l'azur vaste, il profite.
Admirant le jardin farceur
Où d'un trait, l'escargot chanteur
Décrit l'autruche déconfite :
Elle est rapide et file vite...

31° Sans râteau
Mercredi 5 Août 2020

Nous partîmes loin, sans râteau.
Juste avec l'esprit d'à propos
Pour admirer un peu le monde
Dans une vieille Simca Aronde :
Fantastique et baroque auto...

Elle aimait d'abord le repos...
Tandis qu'à l'ombre d'un château
Elle bronzait au bord de l'onde.
Nous partîmes loin, sans râteau.

Alors soudain surgit l'immonde...
Le plus hideux monstre du monde...
Déglingué dessous son capot,
Un radiateur bouillant sans eau...
Nous quittâmes la vieille Aronde
Nous partîmes loin sans râteau...

32° Gesticule et barbote
Mercredi 5 Août 2020

Pour fignoler ton beau rondeau
Rêvasse, allongé sur le dos,
Écoute chanter la linotte,
Son rythme est vif, prends-le en note,
Sa phrase brille comme un cadeau.

Admire aussi ce renardeau,
Songe à la belle en caraco.
Fais confiance au lacet qui flotte
Pour fignoler ton beau rondeau.

Ajoute enfin dans ta cagnotte
Le sourire de la marmotte.
Transforme ta barque en radeau
Pour plonger dans l'Eldorado.
Dans l'eau gesticule et barbote
Pour fignoler ton beau rondeau.

33° Page blanche
Jeudi 6 Août 2020

La couleur de la page blanche
Éblouit l'écriveur qui planche,
Invite l'encre à cascader,
La phrase en vrac à parader,
La feuille à s'ouvrir sur sa branche.

Elle ombrage l'écrit qui flanche,
Celui qui s'enfuit sur la tranche
Pour embrouiller à coups de dés
La couleur de la page blanche.

La plume adore gambader
Loin des vieux romans démodés
Sur ce satin blanc qui déclenche
Une éblouissante avalanche
Sur la palette à ravauder :
La couleur de la page blanche.

34° Le Gentleman
Jeudi 6 Août 2020

Le gentleman joue du rondeau
Discret à l'abri des rideaux,
Du brouillard du flou artistique,
Des trouillards du paroxystique,
Il s'amuse au stylo badaud.

Préférant la peinture à l'eau
Avec de petits angelots,
Les professeurs jouent les critiques.
Le gentleman joue du rondeau.

Il tend sa phrase à l'élastique
En fait sortir du........ fantastique.
Il ne joue pas sur un piano
Ses gammes trop pianissimo,
Il joue juste d'un mot plastique.
Le gentleman joue du rondeau.

35° L'hippocampe compte
Jeudi 6 Août 2020

Quatre plus quatre égalent huit.
Un deux trois quatr' cinq six sept huit
Ça rime aussi, c'est le bon compte
Je vais pouvoir écrire un conte
Cinq plus trois ça fait aussi huit.

L'octosyllabe expose en huit
Syllabes groupées huit par huit
Il faut que je compte et recompte
Quatre plus quatre égalent huit.

L'hippocampe est quelqu'un qui compte.
Le poète est quelqu'un qui conte
En lignes divisées par huit
Des légendes en soixante-huit
Pages palpitantes... il compte:
Quatre plus quatre égalent huit.

36° Le rondeau fêté
Jeudi 6 Août 2020

Il faut répéter répéter
Obstiné, trois fois répéter,
Pour écrire un rondeau conforme
Avec les rimes qui transforment
Le poème en rondeau fêté.

Il sera maussade ou raté
Si son rythme a des dératés
Pour qu'un rondeau carbure en forme
Il faut répéter répéter.

Il n'y faut pas de mots difformes,
Il faut d'abord que tu t'informes,
Aux dictionnaires patentés
Quel est ce vers à répéter.
Pour que tes rondeaux soient conformes
Il faut répéter répéter...

37° L'empire des bavards
Vendredi 7 Août 2020

Le rondeau respire infini.
Précis dans l'embrouillamini,
Il attire intrigue et s'étire,
Désimpérialise l'empire
Des bavards aux maux démunis.

Ces trois mots très brefs réunis,
Plus nets qu'un discours racorni,
Projettent l'ombre qui inspire :
Le rondeau respire infini.

L'épaisseur des sens vient s'inscrire
Tandis que la syllabe expire...
L'écho résonne dans l'esprit,
Les mots raisonnent par écrit,
En silence un souffle soupire :
Le rondeau respire infini.

38° Monde révolu
Vendredi 7 Août 2020

Leur monde est révolu, mort
Les mécanos étaient d'accord,
Il ne faut plus se faire de bile
Pour le futur automobile,
Arsène Lupin a pris l'or.

Il vous reste les vieux ressorts,
Pour beaux carrosses sans confort,
Des chars romains aux roues habiles :
Leur monde est révolu, mort.

Ils conversaient en mots labiles
Ils étaient cent, ils étaient mille.
Ils discutaient en parlant fort
Et tous ensemble ils avaient tort.
Leur rhétorique est versatile
Leur monde est révolu, mort.

39° Elle avait un truc en plus
Samedi 8 Août 2020

Elle avait un truc en plus, Plume.
Léger comme un parfum d'agrume
Flottait quand elle apparaissait
Un souffle où chacun s'empressait,
Fonçant sur son truc dans sa brume.

Pas besoin de mettre en volume
Ce doux souvenir d'amertume
Quelque chose en nous progressait,
Elle avait un truc en plus, Plume.

Son regard nous attendrissait,
Sa pupille souvent s'embrasait,
Étincelle au feu qu'on rallume.
Ce souvenir n'est plus que brume.
Légère, avec son nom parfait,
Elle avait un truc en plus, Plume.

40° Je lançais des cailloux
Samedi 8 Août 2020

Je lançais des cailloux dans l'eau,
Ça faisait de parfaits ronds d'eaux.
Paresser n'est pas difficile
Mais la paresse est indocile,
Elle est rebelle aux matinaux.

Mes cailloux expérimentaux
Étaient labeurs matutinaux
D'aristocrate aquariophile.
Je lançais des cailloux dans l'eau.

D'abord manie de cinéphile
Mon art est devenu l'ustensile
Avec lequel, grosso modo
J'ai fabriqué de grands rondeaux.
De ma fenêtre, à domicile,
Je lançais des cailloux dans l'eau.

41° Le désespoir
Samedi 8 Août 2020

Le désespoir doit être acerbe.
Il ne faut pas qu'il soit superbe,
Il doit avoir ce goût de fruit
Un peu trop vert et faire un bruit
Industriel qu'on exacerbe.

Faut-il en faire un long proverbe
Orné d'adjectifs et d'adverbes ?
Non, il faut juste en être instruit,
Le désespoir doit être acerbe.

Mérite-t-il autant ce bruit
De ronce horrible à méchant fruit ?
De plaine en friche à mauvaise herbe ?
Suffirait-il qu'on le désherbe ?
Vieillard de guingois mal construit,
Le désespoir doit être acerbe.

42° Est-il terrible ?
Samedi 8 Août 2020

Le poétique est-il terrible ?
Est-il mécanique, art horrible
Machine à calculer le son ?
Exercice à l'âpre leçon ?
Produit d'un labeur ostensible ?

Faut-il en comptable insensible
Mesurer l'odeur du fusible
Afin de produire à façon ?
Le poétique est-il terrible ?

Faut-il à la règle infrason
Exclure un vers colimaçon ?
Faut-il raboter l'extensible ?
Faut-il compliquer l'accessible
Ou l'élever comme un poisson ?
Le poétique est-il terrible ?

43° Rhétorique
Dimanche 9 Août 2020

Je me relaxe en rhétorique
C'est un archipel exotique
Où les arbres sont savants
Où l'on ne s'ennuie pas souvent
L'ambiance est chaude et tellurique.

Les filles y ont l'art magnétique,
L'aimable y fleurit, sympathique,
Le vide y parle en planant,
Je me relaxe en rhétorique.

L'orage y gronde en ruminant
Son chant est pauvre et fulminant,
Ce continent est romantique,
La philosophie encaustique
Y fait briller des paravents,
Je me relaxe en rhétorique.

44° Fastes
Dimanche 9 Août 2020

Ils se parlent, s'ignorent, fastes.
Ils s'exposent, se cherchent, vastes.
Leurs conversations vont droit,
Raides ou souples, se déploient.
Ils sont beaux, causant par contrastes.

Elle a essayé face à ce néfaste
De briser les rapports de caste.
Son discours aiguisé court, froid.
Ils se parlent, s'ignorent, fastes.

Leur dialogue embrouillé en trois
Actes débouchent au porche étroit
D'un palais aux colonnes fastes
Elle est sculpture un peu Jocaste,
Il est grisâtre un peu étroit.
Ils se parlent, s'ignorent, fastes.

45° Incompris
Dimanche 9 Août 2020

Je suis un poète incompris.
Le soleil m'a donné son prix :
La palme de la rime aimable
Pour un western interminable
Truffé de chevaux malappris.

Cette aurore a-t-elle compris
La moitié de mes jeux d'esprit,
Briquets de ma rime inflammable ?
Je suis un poète incompris...

Souvent je m'assieds dans l'étable
Pour écouter la vache affable.
Sa prose m'a beaucoup appris
Sur tous les honneurs rabougris
Du dilettante monnayable...
Je suis un poète incompris.

46° La mode à Paris
Dimanche 9 Août 2009

La mode à Paris c'est le masque,
Il se porte monstre ou tarasque
Dans les quartiers ouest ses tissus
Sont plus fleuris, plutôt cossus
Décors d'une fête fantasque.

Les yeux pétillants se démasquent,
Pour les plus chers, les snobes casquent
Pour les sportifs, pour les bossus,
La mode à Paris c'est le masque.

Pour l'émotif un peu déçu
On traduit le chant d'un confus
Rhapsode à soieries ; sous son casque
À deux écouteurs il démasque
Le ringard d'un slogan diffus :
La mode à Paris c'est le flasque...

47° Combourg je suis venu[2]...
Lundi 10 Août 2020

Combourg, je suis venu te dire
Que je m'en vais, sans m'interdire
Aucun pétrin, dans tes embruns,
Plonger sous l'averse et le grain,
Chez Chateaubriand pour y lire

Ces huit lettres lasses, écrire
À nouveau que la larme expire
En outre-tombe, en pluies d'emprunts.
Combourg je suis venu te dire

Que je change et vais plein d'empreint
Bondir en l'art mineur, sans frein,
Aux jours anciens de ton empire,
Ceux des machines à écrire
Ceux dans la... qui chantent sans crin :
Combourg je suis venu te dire...

---

2 Hommage simultané à Gainsbourg et Proust.

48° La Muse Ysque
Mardi 11 Août 2020

Le risque serait de me prendre
Pour un poète et de détendre
Les cordes de ma poésie,
Pour rebondir par fantaisie
Sur des calembours pour me fendre

Un peu la tronche ou pour étendre
Mon public de lectrices tendres.
Pour lutter contre l'amnésie,
Le risque serait de me prendre

Un trou de mémoire choisie,
Un coup de jeune ou d'ambroisie.
Le danger serait de descendre
Sans avoir le coeur de prétendre
À leur muse Ysque, à sa magie...
Leur Ysque saurait deux mots prendre...

49° En dilettante
Mardi 11 Août 2020

Observe en flâneur dilettante,
Observe la rue distrayante,
Son désordre et ses promeneurs
Ses grimaces de flagorneurs
Ses échoppes et leurs clientes.

Devant la vitrine amusante
D'une librairie apaisante,
Admire comment le bonheur
Observe en flâneur dilettante.

Décris son rythme enlumineur
Transcris ce roman butineur
Que la rue mélange ondoyante
Aux pas d'une danse entraînante
Qu'un musicien-collectionneur
Observe en flâneur dilettante.

50° Lire
Mardi 11 Août 2020

Lire est une ascèse intrépide.
Fais patienter ton oeil rapide.
Parfois sous la ligne apparaît,
Éblouissant l'esprit, ce trait
Qui fait jaillir une eau limpide.

La phrase était sombre insipide
Et son sens résistait, perfide,
Le paragraphe se cabrait...
Lire est une ascèse intrépide.

Pour l'obstiné tout est attrait.
Vois l'écorce de l'arbre abstrait.
Si tu lis, l'obscur s'élucide
Et l'arbre enfante une Sylphide
Qui de sa lyre ouvre un secret :
Lire est une ascèse intrépide.

51°Éloge du masque
Mercredi 12 Août 2020

Plus faste est la vie sous un masque,
Il se porte étroit, parfois flasque.
Il protège des courants d'air.
Couvre le nez, la bouche, et sert
À lutter contre la bourrasque.

On dit qu'il prive de marasque
Le virus qu'il croise en fantasque :
« —Va au coin ! privé de dessert ! »
Plus faste est la vie sous un masque.

Il met à l'abri des revers,
Il protège des faits divers.
Il est plus beau qu'un béret basque.
Plus efficace qu'un vieux casque,
Il charme les esprits ouverts.
Plus vaste est la vie sous un masque.

52°Ce peu poétique monsieur...
Jeudi 13 Août 2020

Ce peu poétique monsieur
De Voiture a, sur ses essieux,
De la matière à rondeaux riches.
Il improvise sur les friches
Du jardinage des précieux.

Il a le trait vif, facétieux,
Et son esprit est si spacieux
Que tous les jours on le pastiche
Ce peu poétique monsieur.

Il sait placer ses hémistiches
Et fagoter ses acrostiches,
Il sait être artificieux
Mais n'est jamais silencieux,
Il versifie au pied-de-biche,
Ce peu poétique monsieur...

53° Écoute l'arbre...
Jeudi 13 Août 2020

Écoute l'arbre t'expliquer
Sans chercher à lui répliquer.
Il raconte avec ses branchages,
Sans avoir recours aux langages
Des rhétoriciens appliqués.

Il décrit bien l'inexpliqué
Du long procès très étriqué
Des habitants de son feuillage.
Écoute l'arbre t'expliquer.

Il n'ira jamais au village
Pour y réclamer ce fromage
Que l'âpre renard, syndiqué,
A chipé au corbeau friqué.
Plutôt qu'à noircir de l'encrage
Écoute l'arbre t'expliquer.

54° Le débat blopfant
Vendredi 14 Août 2020

Il paraît qu'il sera absent
Ce sordide « blop » asphyxiant
Qu'on nous décrit dans des histoires
Aux éclipses aléatoires
Du narrateur omniscient.

Il paraît qu'il est relaxant...
Qu'il a des pouvoirs malaxant...
Et l'orateur est péremptoire :
« Il paraît qu'il sera absent. »

Si la presse est contradictoire
Sur cette absence obligatoire,
L'heure et le jour du désaxant
Sordide ouvre un débat blopfant :
Où chacun clame incantatoire :
« Il paraît qu'il sera absent ! »

55° Proverbe chinois
Samedi 15 Août 2020

L'Été ayant flambé trois mois
Alla voir Automne plein d'émois :
« —Je suis à sec, trop pour la herse,
Peux-tu me prêter une averse
En échange d'un tas de bois? »

L'Automne encore endormi, froid
Raisonne en ministre des lois.
Il s'interroge il tergiverse :
« L'Été ayant flambé trois mois,

Va-t-il me payer mes averses?
Va-t-il gommer l'hiver qui gerce?
Sa légèreté me renverse
Et ce noceur, flambeur de bois
M'inspire un proverbe chinois:
« Lait, thé ayant flambe étrillent âme (ouah!) »

56°Elle enchante
Dimanche 16 Août 2020

Elle enchante les rues heureuses.
Les jambes lourdes douloureuses,
La sylphide s'entraîne, apprend
À danser pour percer l'écran.
On prétend qu'elle est amoureuse.

Assoiffée d'art en dévoreuse,
Elle offre à la rive poudreuse,
Le pouls du rosier qui surprend,
Elle enchante les rues heureuses.

La poudre aux yeux rythme l'écran
D'un reflet dont elle s'éprend.
En suivant sa plume éveilleuse,
Elle ouvre une brume pluvieuse,
Entr'ouvre un conte qu'elle apprend.
Elle enchante les rues heureuses.

57° Bal surgi du parfum
Lundi 17 Août 2020

L'art du costume évocatoire
Est son nouveau laboratoire.
Sa mode épate le flâneur.
Elle étonne au gré de l'humeur
En épuisant sa vaste armoire.

Animée par un goût d'histoire,
Par son habileté notoire,
Elle extrait du bruit des rumeurs
L'art du costume évocatoire.

Bal surgi du parfum des fleurs,
La rue lui est scène à couleurs.
Et de la chanson d'une foire
Qu'elle raffine à la passoire
Elle offre aux ciseaux du tailleur
L'art du costume évocatoire.

58° Tu n'es pas ennuyeux
Lundi 17 Août 2020

Bouilhet, tu n'es pas ennuyeux,
Juste un poète, un peu sérieux,
Figé par ton buste en sculpture.
Mais ta prose attend l'ouverture
Du rideau qui livre au curieux :

Un ciel d'oiseaux-fleurs merveilleux,
Des roses aux chants audacieux,
Des femmes à l'espiègle allure....
Bouilhet, tu n'es pas ennuyeux...

Tu festonnes ton écriture
En astragales de couture.
C'est bien tissé, plutôt soyeux
À l'oreille, assez mélodieux.
Les sens croustillent sous la tenture...
Bouilhet, tu n'es pas ennuyeux!..

59°Tout reverdit
Mardi 18 Août 2020

Du Nord au Sud tout reverdit
Entre rêve et réel l'air dit
Un conte à la forme illogique
Où les Sources du vent magique
Baignent l'épave-paradis.

Le Livre de mon bord verdit
Sous la Ferraille qui se raidit
Les Flaques de verre paniquent,
Du Nord au Sud tout reverdit.

La plupart du temps hermétique,
La poésie de Pierre indique
Une route où ne s'interdit
Aucune audace, où l'on n'ourdit
Qu'environnement poétique,
Du Nord au Sud, tout Reverdy...

60° La deux-chevaux à fleurs
Mardi 18 Août 2020

La deux-chevaux à fleurs est snobe
Énonce une passante en robe
À un vieux monsieur à gibus
Assis à l'arrêt d'autobus
Qui lisait le journal Le Globe.

Peureux, le monsieur se dérobe
Minuscule, ascétique et probe
Il répéta la phrase aux cactus
La deux-chevaux à fleurs est snobe.

Les scènes de rues plaisent plus
Aux amateurs de trolleybus
Qu'aux vieux messieurs sous leurs gibus
Qui sont souvent agoraphobes
Et qui préfèrent les rébus.
La deux-chevaux à fleurs est snobe.

61° Écrire à la cuillère
Mercredi 19 Août 2020

Chacun peut être un Cicéron,
Peut écrire en triangle en rond,
Choisir d'être un nouveau Molière
Ou jouer à être un mot-lierre
Qui s'agrippe à l'antique tronc.

Chacun peut goûter son citron
Chacun peut jouer au mitron
Croquer l'écrit à sa manière
Chacun peut être un Cicéron.

Shakespeare ignorait fort Molière
Et cultivait mieux sa matière
Verbale avec un macaron
Dans son thé, sans tourner en rond.
Il écrivait à la cuillère.
Chacun peut être un Cicéron.

62° C'était la Lune
Mercredi 19 Août 2020

C'était la Lune qui luisait
Tandis que l'orage fuyait
Le figuier rêvait sans musique,
En arbre fruitier aphasique,
Dans la cour les rires fusaient.

C'était le gâteau qui cuisait
Tandis qu'un mitron s'épuisait
La cuisine est un lieu magique
C'était la Lune qui luisait.

La lumière était fantastique
Et la soirée paroxystique.
Les échos de la fête bruissaient,
Les musiciens les instruisaient.
Car dans ce reflet platonique
C'était la Lune qui luisait.

63° Denses heurts
Mercredi 19 Août 2020

Nous avons dépensé cent heurts
À danser ce rythme amateur
Pour condenser un nouveau souffle
À la musique qui s'essouffle
Ils étaient trop lourds nos denses heurts.

En écoutant l'art du moteur
Nous frappions sur le réacteur
Nous ne dansions pas en pantoufles
Nous avons dépensé cent heurts...

Sur la carlingue qui boursoufle
Ces pas trop denses qu'on camoufle
S'accentuaient dans la moiteur.
Sur le métal du bimoteur,
En escarpins, pas en pantoufles,
Nous avons dépassé cent heurts...

64° Scène d'été
Mercredi 19 Août 2020

Elle était rousse mais point sotte
Il était tête de linotte.
Il admirait ses grands yeux verts
Mais le disait tout de travers
Car il épiçait sa parlotte

D'un argot qui râcle la glotte,
Dans un style qui tangue et flotte.
Elle en riait d'un rire clair,
Elle était rousse mais point sotte.

Elle aurait préféré des vers
Plutôt que cet âpre argot vert,
Farci de vase qui clapote,
Don Juan s'embourbe et crapote.
La belle plonge dans la mer,
Elle était rousse mais point sotte.

65° Voyage
Jeudi 20 Août 2020

Vienne l'instant j'ai le secret
De le dompter grâce à l'attrait
De ton regard, de ton visage.
Le souvenir est un voyage
Notre horizon brille comme un trait.

Il est sourire, il est attrait,
Il est écho de ton portrait.
Il est merveilleux bavardage,
Vienne l'instant j'ai le secret

Du rythme pur d'un coquillage
Qui fait surgir un paysage,
En ponctuant son chant discret...
Il fait jaillir du bruit concret
Le carillon du badinage,
Vienne l'instant j'ai le secret...

66° Il rebondit
Jeudi 20 Août 2020

Il rebondit ce choix des mots
Sur la surface des émaux.
On dit aussi qu'il s'y reflète
Car la rime y danse en fluette,
Y resplendit, gonfle au créneau...

L'écrivain en a plein le dos
(Do si la sol fa mi ré do)
Mais là-haut chante une alouette.
Il rebondit ce choix des mots

Car l'écriture est une aubette
Où, patient, s'assied le poète,
En attendant le vieux chameau
Qu'il fait jaillir d'un chalumeau.
Il enfle un souffle qui répète :
Il rebondit ce choix des mots!..

67° Plume d'Isandre...
Vendredi 21 Août 2020

La Plume d'Isandre écrit l'air
Du temps qui souffle à rimer vers,
Du vent qui pousse à l'écriture.
En mélangeant lyre et rature,
Elle écrit l'air de l'univers...

L'univers d'écrivains divers,
L'univers des trouveurs de vers,
L'univers de l'ample aventure,
La Plume d'Isandre écrit l'air...

L'air du temps des bruits qui carburent
L'air de l'arbre aux fruits qui rassurent
L'ère des blogs qui bloguent l'air...
L'air du cygne à tête à l'envers,
Plume allant vers d'autres lectures,
La Plume d'Isandre écrit l'air...

68° Sans cesse aux aguets
Samedi 22 Août 2020

Cet oiseau sans cesse aux aguets
Sur l'arbre, au-dessus des bosquets
N'est-il pas un peu limitrophe,
Trop limité dans l'apostrophe ?
Il hurle qu'il est aux aguets.

Craintif, nerveux, il fait le guet :
Qui est ce chat dans mon muguet ?
Il redoute une catastrophe,
Cet oiseau sans cesse aux aguets...

Pourtant il rime en philosophe,
Citant Kierkegaard, à la strophe
Existentialiste, il bégaie.
Phénoménologue, il s'égaie
Sur Instagram, il philosophe,
Cet oiseau sans cesse aux aguets...

69° Obscure légende...
Dimanche 23 Août 2020

Pour mieux rimailler, cassez la télévision.
Dézingué l'écran devient magie d'occasion.
Il fait surgir la Gothique appelée Lavande
Qui dévore un Arsène (une armoire normande),
Dans des fleurs de Lupin, sensuelle évasion.

Aspirations vers le festin d'une occasion,
Inspirations de vocations à l'évasion[3] :
« Cassons-nous ! naviguons loin des Goths en Irlande ! »
Pour mieux rimailler cassez la télévision.

Désossé, votre écran s'éparpille en guirlande
Dans laquelle on déchiffre une obscure légende,
Un conte éphémère aux scénarios d'érosion,
Épicés d'alexandrins, brûlants d'émotion,
Dans lesquels une armoire embrase une Allemande...
Pour mieux rimailler cassez la télévision.

3Ce rondeau a été écrit en alexandrins (ce qui normalement interdit) à partir d'un avers qui m'a été suggéré par un clavardage sur internet par la poète @isye.aa sur le réseau social Instragram.

70° Suffira-t-il d'un rêve ?
Lundi 24 Août 2020

Suffira-t-il d'un rêve au rimeur douloureux
Pour dessiner l'instable ordinaire amoureux
Pour déchirer la scène au poète entr'ouverte
Par un rai de lumière éblouissante et verte.
Vertu de la timide aux regards trop peureux.

Le poète l'esquisse, à la plume, amoureux
Et voudrait dessiner ce regard malheureux
D'un geste alexandrin, vaste et vain... ..pure perte.
Suffira-t-il d'un rêve ?

La danseuse apparaît sur la scène à l'alerte
De la sirène hurlante à l'heure où croît la perte...
La perte du bon sens, la perte du sens heureux,
L'alerte catastrophe au résultat scabreux
À l'heure où chacun songe à la « déesse verte »
Suffira-t-il d'un rêve ?

71° Bientôt va surgir
Lundi 24 Août 2020

Bientôt va surgir l'or d'automne
L'or grelottant, froid, qui frissonne
L'arbre attend ce vent qui jaunit,
L'or en jaillit, l'or désunit...
En Octobre le vert détonne.

Au vent de l'alchimique automne,
Le vert de l'arbre en or s'étonne
Il brille sous la pluie qui frémit,
Bientôt va surgir l'or d'automne.

Août encore est là qui fredonne
Ses taux de pollution carbone.
Dans les champs, le foin se jaunit
À la plage on bronze on brunit
L'été résiste et l'air raisonne :
Bientôt va surgir l'or d'automne...

72° Baroque
Lundi 24 Août 2020

Tu peux écrire en écoutant
Les bruits du monde, et l'art du temps
Qui capte son rythme baroque.
Admire cet arc il disloque
D'un éclair l'obscur déroutant.

Ce spectacle épique et zébrant
Qu'un clavecin rythme en vibrant,
Qui pirouette et s'entrechoque,
Tu peux écrire en l'écoutant.

En tintant, la corde débloque
Un superbe univers qui troque,
Contre un flou terne abrutissant,
Un miracle, au pouvoir bruissant,
Qui sculpte et cisèle, baroque...
Tu peux l'écrire en l'écoutant.

73° Le Rondeau
Mardi 25 Août 2020

Il dit tout et n'importe quoi.
Le rondeau tourne, jamais coi,
En gymnastique, il s'ébouriffe,
Il vous caresse ou bien vous griffe
D'un mot sans expliquer pourquoi.

Il a son arc et son carquois
Un rythme à lui, un air narquois,
Un air de bizarre escogriffe
Il dit tout et n'importe quoi.

Parfois il se masque apocryphe
Sous sa tarasque en hiéroglyphe
Heureux dans le je-ne-sais-quoi
Ravi par un terme adéquat
Parfois il féduit une actryphe
Il dit tout et n'importe quoi.

74° Termine au logis !
Mardi 25 Août 2020

L'exigence est un mot pratique
Vocable à l'usage éclectique,
Il rime avec négligence et
Avec diligence et l'on sait
Fort bien le rendre antipathique.

Elle est pourtant un art antique
Une forme agile et rustique
Un rustique souple élancé.
L'exigence est un mot pratique.

Un mot-valise à forme assez
Souple aux propos alambiqués :
« Termine au logis! Décortique ! »
L'exigence est asymptotique.
Sa courbe est un chiffre appliqué,
L'exigence est un mot pratique.

75° Le cygne aussi
Mercredi 26 Août 2020

Ce cygne aussi tourne en rondeau.
Il signe muet son rond d'eau.
Il trace son cercle l'air digne.
Mais alors qu'il rime, il indigne
Un parleur jaloux: le crapaud...

Partout se vante ce crapaud
D'être un haut-parleur à rondeau
Et voilà que (quel est ce signe?)
Ce cygne aussi tourne en rondeau...

Jamais crapaud ne se résigne
À rester muet comme un signe.
Quand le cygne cercle au cordeau
Son art très docte du rondeau,
Le crapaud ricane et rechigne :
« Ce cygne ici grouille en crapaud... »

76° Tu risques vers l'est
Mercredi 26 Août 2020

Tu risques vers l'est un voyage
En suivant ton enfantillage.
Tu t'aperçois sur le chemin
Que ta carte sur parchemin
N'est qu'un fatidique embrouillage.

Te dépouillant de ce brouillage,
Tu suis ton âne au gris pelage
Dans le complexe kafkaïen
Tu risques vers l'est un voyage.

Tu diriges ton attelage
Tu l'orientes sur un village
Banal avec son vieux moulin,
Construit sur un temple romain,
Allongé dans son paysage...
Tu risques vers l'est un voyage.

77° La fille à panache
Jeudi 27 Août 2020

Erda la fille à panache ose
Vivre d'amour, pas d'autre chose,
Vivre d'amour, sous un ciel gris,
Vivre d'amour, dans les débris,
D'un village écroulé, sans cause.

Et pourtant sa vie n'est pas rose,
La rue s'épuise à haute dose,
En discours absurdes, aigris.
Mais cette fille à panache ose

Vivre d'amour dans les débris,
Vivre d'amour par ses écrits
Qu'elle arrache au monde, sans pause,
Vivre d'amour, pas d'autre chose,
Avec son corps contre un ciel gris,
Et cette vie à l'arrache ose...

78° Beauté piquante
Vendredi 28 Août 2020

Rose flambait inexpugnable
Beauté piquante, indéniable,
Vertigineuse, on l'enviait
Tant elle nous émerveillait
Dans son nuage, inatteignable.

C'était un spectacle incroyable
Sa beauté n'était pas du diable.
Son roman nous hypnotisait,
Rose flambait inexpugnable.

Son charme envoûtant éveillait
Nos rêves nuageux, muets.
Nous étions rêveurs de sa fable.
Elle était marchande de sable,
Autrice au charme désuet,
Rose flambait inexpugnable.

79° Hécate et le dandy
Vendredi 28 Août 2020

Mariage à l'abri de la nuit qui tombe...
L'orage éclate, il zèbre et coule en trombe,
Un éclair dévoile un aventurier,
Habillé chic chez un grand-couturier,
Héros ténébreux de cette hécatombe...

Il est avec une pulpeuse bombe,
Une Hécate fatale il y succombe,
Écarlate il dit ces mots coloriés :
« Mariage à l'abri de l'ennui qui tombe. »

Un autre brouillon est répertorié
Dans un riche inventaire notarié.
L'aventurier a des airs d'outre-tombe,
Le regard de l'héroïne retombe,
Elle déchiffre une lettre un courrier :
« Naufrage à l'abri de l'inouï qui tombe. »

80° N'oubliez pas le...
Samedi 29 Août 2020

N'oubliez pas le gâteau de carotte
Il rend aimable, il danse le fox-trotte
Sur la langue il est soleil croustilleux
Quand l'averse est triste il cuit merveilleux
La joie reparaît tandis qu'il mijote.

Quand tout est grisaille que le nuage ôte
Au jazz ce rythme qui danse qui saute,
Faut-il grogner, râler comme un pleupleu?
N'oubliez pas le gâteau de carotte

Si quand il pleut le soleil des cieux
Ne reluit plus, le monde est soucieux,
Alors, dans le four reluit et mijote
Un inattendu danseur de fox-trotte
Aussitôt la joie brille dans tous les yeux
N'oubliez pas le gâteau de carotte!

81° Le pinson Chopin
Dimanche 30 Août 2020

La vraisemblance est un obstacle
Au grandiose absurde au miracle.
Selon la thèse du lapin
Le rythme du pinson Chopin
Épatera votre cénacle.

Dans la magie de son spectacle
La mélodie est réceptacle
De ce dogme de turlupin :
« La vraisemblance est un obstacle. »

Sa ritournelle offre aux matins
L'art des voyages serpentins.
Sa mélodie effleure et racle
L'art poétique de l'oracle.
Il dessine absurde et taquin :
« La vraisemblance est un obstacle. »

82° C'est toujours komssakssassepasse...
Lundi 31 Août 2020

C'est déjà la Rentrée des classes,
Tandis qu'on se bat pour sa place,
Pour admirer le Tour de France,
Que dans l'air pointent les vacances,
Les campings où l'on s'entasse...

Chacun se faufile et se tasse,
Pour voir les cyclistes qui passent,
Seulement voilà... pas de chance
C'est déjà la rentrée des classes...

Le maillot jaune qui s'élance
Annonce les loisirs intenses
C'est toujours komssakssassepasse
Changer l'habitude menace
L'équilibre alors dans l'urgence,
C'est déjà la rentrée des classes...

83° Roman potentiel
Mardi 1er Septembre 2020

Tu trouveras des masques, de l'escrime,
Du suspense, un carnaval qui s'exprime.
Le soleil se lèvera le matin
Sur une fille magnifique en satin,
Dans un manoir en ruine qui déprime.

Ce sera grand, construit pour qu'on l'imprime.
Ce sera rapide, appliqué, sublime.
Tu croiseras peut-être un arlequin,
Tu trouveras des masques, de l'escrime.

Tu t'effraieras d'un pirate rouquin,
Et puis d'Olga la Russe, un mannequin.
Un polichinelle, excellentissime
Découvrira la rose qu'on opprime,
Près d'un torrent, parmi les bouquetins.
Tu trouveras des masques, de l'escrime.

84° Dans mon enfance...
Mercredi 2 Septembre 2020

Dans mon enfance au regard enthousiaste
L'océan du monde étalait plus faste
Son poème aux contours mal définis.
C'était un spectacle vu d'Isigny,
Il n'était ni rétréci, ni néfaste...

C'était un dessin animé si faste
Qu'il nous enchantait du riche contraste
Des vagues d'ailleurs vues du pauvre nid
Dans mon enfance au regard enthousiaste...

On rêvait aux couleurs de l'infini
Périple autour de cet indéfini
Bouquet d'arbres, il nous semblait si vaste,
Si luxuriant, qu'un bon chauffeur-gymnaste
Risquait d'y dissoudre sa Bugatti,
Dans mon enfance au regard enthousiaste...

85° Recette du rondeau touristique
Jeudi 3 Septembre 2020

Un rondeau touristique est vite fait.
Tu peux l'écrire à la gare, au buffet,
Quand ton train attend sa locomotive.
Tu parcours la ville à l'âme émotive
Qui défile, onirique, sous l'effet

Du retard Hessainncéhaiff : l'art parfait
De cet instructif tourisme imparfait
S'écrit dans ta rime approximative...
Un rondeau touristique est vite fait.

Un train perd souvent sa locomotive,
Faut-il en faire une élégie plaintive?
Ce serait petit, maigre, insatisfait.
Toi tu décriras, au coin du buffet,
Ta baroque flânerie nutritive :
Un rondeau touristique est vite fait.

86° Où est-elle ? Où va-t-elle ?
Vendredi 4 Septembre 2020

Où est-elle ? Je lis à la maison
Un polar, examinant la raison
Pour laquelle on a écrit cet ouvrage.
Une héroïne y lutte avec courage,
Dans un style truculent, de saison.

Sa berline y zigzague en crevaison.
Les adjectifs piquants en floraison
La bousculent jusqu'au fatal virage...
Où va-t-elle ? je lis à la maison.

Le suspense pèse comme l'orage,
Éclatera-t-il en carambolage ?
Par une baroque combinaison,
La conductrice atterrit au perron
En bas de l'escalier de mon cottage.
Oui c'est elle qui vit à la maison.

87° Quand ta barque
Samedi 5 Septembre 2020

Quand ta barque balance lentement
Dans la vague étoilée spectaculaire,

Souviens-toi qu'elle est née d'un froissement,
Quand ta barque balance lentement...

Pense à la forêt froissée bruyamment
Qui grince encore au vent crépusculaire

Quand ta barque balance lentement
Dans la vague étoilée spectaculaire...

88° La flambante
Dimanche 6 Septembre 2020

L'inconsistant spectateur défaillait
La flambante admirable tournoyait,
Dans une danse exquise, toute en jambe
Où sa grâce allumée se déployait

Lui n'était qu'un pion perdu que l'on flambe
Elle incandescente le foudroyait.
L'inconsistant spectateur défaillait
La flambante admirable tournoyait.

89° Monstre antique acrobate
Lundi 7 Septembre 2020

Monstre antique acrobate qui quémande
Où virevolte ta fable normande ?

Rythme-t-elle des mots passants rêveurs ?
Monstre antique acrobate qui quémande ?

Tu notes l'écho d'un carillonneur,
Pour denteler ton nuage en guirlandes.

Monstre antique acrobate qui quémande
Où virevolte ta fable normande ?

90° Écoute le souffle
Mardi 8 Septembre 2020

Écoute le souffle du monde,
Qui chuchote enfle et vagabonde
Avec ses schémas embrouillés,
Avec ses espoirs écroulés,
Avec son humour, sa faconde.

Un sourire improbable inonde
Parfois le temps d'une seconde
Quelques visages oubliés.
Écoute le souffle du monde.

L'arbre se laisse émoustiller,
Par la pluie qui veut l'embrouiller.
Laborieux, l'industriel gronde
Tandis que le poète fronde
Contre l'opaque embarbouillé.
Écoute le souffle du monde.

91° Un miroir
Mercredi 9 Septembre 2020

Son écriture est un miroir
Qui se déroule en dévidoir
Elle reflète impétueuse,
Chorégraphie tumultueuse,
Une lumière en arrosoir.

Son geste laisse apercevoir
Une pantomime à tiroir,
Une comédie facétieuse,
Son écriture est un miroir.

C'est une ronde fastueuse
Dissipant l'ombre tortueuse,
De l'embrouillé beaucoup trop noir.
Elle offre à l'âme un défouloir.
Sur sa planète aventureuse,
Son écriture est un miroir.

92° Ce nuage
Vendredi 11 Septembre 2020

Ce nuage informe qui flotte,
Et détricote sa pelote,
A-t-il un avis sur nos vifs
Amateurismes explosifs
Qui jouent sur l'écran qui mijote ?

Ce vieux sage aime la litote,
L'art du silence qu'on dorlote.
Est-il pour autant inactif
Ce nuage informe qui flotte ?

Est-il philosophe inventif ?
Est-il un vieux sage intuitif ?
Est-il un danseur de gavotte ?
Est-il un nouvel Hérodote,
Juste un informateur oisif,
Ce nuage informe qui flotte ?

93° Il se dresse étrange
Samedi 12 Septembre 2020

Dans l'azur il se dresse, étrange.
Cet arbre enchante la mésange,
L'oiseau brosse et décrit, ce pin.
En chansons colorées le peint,
Plus habile que Michel Ange...

Son hymne est un art qui dérange.
Cultivant sa gloire elle arrange
Un beau tableau son gagne-pain.
Dans l'azur il se dresse étrange.

Comme un motif de papier-peint
Il gesticule un peu pantin,
Sur la scène de la mésange
Qui le cisèle et le mélange
Avec son swing américain.
Dans l'azur il se dresse étrange.

94° C'était un joyeux scribouillard
Dimanche 13 Septembre 2020

C'était un joyeux scribouillard
Aventurier fort débrouillard
Rêveur par l'esprit mais esthète
Par goût, par choix de l'épithète,
Il rusait, comme un vieux renard.

Sous les clapiers du vieux braillard
Il braconnait dans le brouillard
Des rimes l'écho d'une fête.
C'était un joyeux scribouillard.

Il écrivait comme un poète.
Il jouait à la clarinette
Des chansons au son nasillard,
Qu'il brodait le soir au comptoir
Sous les lampions d'une guinguette
C'était un joyeux scribouillard.

95° Le mûrissement du dialogue
Dimanche 13 Septembre 2020

Le mûrissement du dialogue
A des vertus de catalogue
Aux surgissements infinis.
Ils parlent croisent leurs avis
Sous l'oeil du phénoménologue

Il patiente jusqu'à l'épilogue
Il écoute d'une oreille rogue
Ces mots qu'il traduit à demi
Le mûrissement du dialogue.

Il aime écouter tes amis,
Fabricateurs d'origamis
Vifs attentifs et sociologues,
Peut-être même archéologues.
Ils font passer par leurs tamis
Le mûrissement du dialogue.

96° Tout le monde imagine
Mercredi 16 Septembre 2020

Tout le monde imagine, invente
Quand l'onde reflète apparente
Notre agitation allant vers
Ce film déroulé à l'envers
De la vie jamais transparente.

De ta caméra permanente
Au bout de ta plume excellente
Tu notes que dans l'univers
Tout le monde imagine, invente.

Fait surgir de tes mots geysers
Les reflets des émaux divers.
Un théâtre s'y représente,
Est-ce une énigme qui s'évente
Qu'une l'onde reflète apparente ?
Tout le monde imagine, invente...

97° Tu en ignorais tout...
Mercredi 16 Septembre 2020

Hélas! tu en ignorais tout
De ces motifs passe-partout,
Qui font l'art de la rhétorique...
Sans sa forêt allégorique,
Ce conte n'est qu'un avant goût.

Une branche vue par un bout,
Que dit-elle de l'autre bout ?
De sa courbure mélodique,
Hélas tu en ignorais tout...

De la fable charivarique
Qui d'une branche folklorique
Bricole un roman fourre-tout,
Sculpté dans le bois, tout à coup,
Avec son monde féérique,
Hélas tu en ignorais tout...

98° Dans la flaque
Mercredi 16 Septembre 2020

Dans la flaque une page blanche
Se dissolvait, pas très étanche
En s'imprégnant de la couleur
De ce chemin batifoleur
Qu'un arbre ombrageait de sa branche.

Imprécise l'ombre s'épanche
Sur la feuille l'eau prend sa revanche
Sous le regard du promeneur,
Dans la flaque une page blanche.

Faut-il sur cet âpre malheur
Écrire un refrain roucouleur
Avec deux ou trois avalanches
De paragraphes qui s'emmanchent
Pour dissoudre en rythme enjôleur
Dans la flaque une page blanche ?

99° Le rouge-gorge
Mercredi 16 Septembre 2020

Son rouge orangé nous épate...
La chanson vive et délicate
Du rouge-gorge facétieux
Cloue le bec aux bavards spécieux
Au printemps il est diplomate.

Silencieux l'été il prend date
Pour l'automne où son chant éclate.
Son rythme est parfois malicieux,
Son rouge orangé nous épate.

Sans doute est-il très astucieux,
Il chante en hiver, judicieux
Choix pour augmenter l' « audimate ».
On le remarque, il s'acclimate,
C'est un très habile ambitieux.
Son rouge orangé nous épate.

100° Cinéma
Jeudi 24 Septembre 2020

Termine au logis, décortique
N'ai pas la pensée désertique
Écris ce nocturne où se tait
Ce qui tout le jour s'agitait.
L'écriture ouvre son portique.

Évite l'ennui despotique
Filme cet art anecdotique
Qui joue dans les pâleurs de lait,
Termine au logis, décortique.

Ce que le jour escamotait
À l'heure où l'ennui ballottait,
Devient spectacle emblématique
Quand ton calcul mathématique
Monte son cinéma muet :
Terminologie, décors... tics...

Postface en forme de terminologie
Mais pourquoi ai-je écrit ces rondeaux ?

Un peu de terminologie, après tout ce cinéma, ne sera pas inutile. Pour faire suite à la forme littéraire du Sonnet dans ma *Trilogie des sansonnets*[4] et dans *Sois danse au vent*[5], je risque donc ces rondeaux à ma manière. Il était sans doute inévitable que j'en arrive à explorer cette forme poétique. Si vous avez lu mon livre *Sansonnet un cygne à l'envers*, vous vous souvenez peut-être que j'ai ouvert la postface de ce livre sur l'âpre travail de versification évoqué par Jules Verne dans le chapitre III de son *Hector Servadac*[6]. Or on sait que (je l'avais précisé en note) le poète gascon Servadac[7] rédige un rondeau au début de ses aventures : « *Eh ! Mordioux ! S'écriait-il, pourquoi ai-je été choisir cette forme de quatrains qui m'oblige à ramener les mêmes rimes comme des fuyards pendant la bataille ?* »...

Que faut-il entendre par ce mot de rondeau ? Un professeur de littérature des débuts de la IIIe république le définissait par ces mots : « *Le rondeau est une espèce de*

---
4 La Trilogie des sansonnets comprend : « Sansonnets un cygne à l'envers » (2015), « Sansonnets aux sirènes s'arriment » (2018), « Sansonnet sait du bouleau » (2019).
5 Pierre Thiry, Sois danse au vent, BoD (juin 2020)
6 Voir la postface de « Sansonnets un cygne à l'envers » (page 105)
7 Hector Servadac est un roman de Jules Verne publié en 1877. Il n'est pas anodin que ce roman commence par un rondeau car il y est raconté l'étrange ronde au travers de notre galaxie d'un morceau de terre arraché par un météorite (rassurez-vous, ça termine bien, le cercle permet à la portion arrachée de revenir à sa place.

sonnet dont le principal caractère est la naïveté. »[8] Et il précisait qu'il « *est composé de treize vers de dix ou de huit syllabes, qui roulent sur deux rimes dont huit sont féminines et cinq masculines, ou huit masculines et cinq féminines.* »[9] Cette définition ne me paraît pas complètement exacte. Je vais donc essayer de préciser ce que j'entends quant à moi sous le terme de Rondeau.

Il me semble que le rondeau traditionnel, celui des professeurs, contient plutôt quinze vers que treize. Le professeur que je cite semble en outre oublier qu'il existe aussi d'autres formes de rondeaux composés de huit vers (forme pratiquée par Guillaume de Machault). Il oublie encore que Clément Marot a écrit un « Rondeau parfait » où l'on compte vingt-cinq vers... Le rondeau est divers.

Quelle que soit sa taille, le rondeau obéit à une constante : il doit comprendre plusieurs répétitions soit de ses premiers mots, soit des deux premiers vers.

Au XVIe siècle dans sa *Défense et Illustration de la langue française* Joachim du Bellay tenait le rondeau parmi les formes de poésies désuètes. Il renvoyait aux « *aux Jeux Floraux de Toulouze*[10] *et au Puy de Rouen*[11] » « *toutes ces vieilles poésies françaises comme : Rondeaux, Ballades, Virelais, Chants Royaux, Chansons et autres telles épiceries,*

---

8 Cours complet de littérature - poétique par M. l'abbé Piron (1881)
9 Cours complet de littérature - poétique par M. l'abbé Piron (1881)
10 Les Jeux floraux de Toulouse étaient un concours de poésie organisé à Toulouse depuis 1323 par le Consistoire du Gai Savoir.
11 Le Puy poétique de Rouen était un concours de poésie organisé par la confrérie de la Conception Notre-Dame de l'Église Saint-Jean sous Renelle (située à Rouen non loin de l'actuelle Station de métro « Palais de Justice »).

qui corrompent le goût de notre langue. »[12]

Quarante-sept ans après ces remarques, les autorités ecclésiastiques de Rouen s'inclinaient et bannissaient le Rondeau au profit du Sonnet dans leurs fameux concours du *Palinod*[13]. Guillaume Colletet expliquait dans son Traité du Sonnet[14], que « *dans la réformation qui fut faite du Palinod de Rouen, suivant le pouvoir qu'en eurent les Princes et les Confrères, par la bulle du pape Léon X, donnée à Rome, le 24 mars 1520, et confirmée par arrêt du Parlement de Normandie, le 18 janvier 1597, il fut dit et arrêté par l'article 33, que désormais le Sonnet succéderait à la composition ancienne nommée le Rondeau, qui commença dès lors à n'être plus en usage sur le Puy de Rouen.* »

Il y a donc quatre-cents ans cette année un pape a interdit d'écrire des rondeaux et cependant le rondeau n'a toujours pas disparu. On dispose de la belle liberté d'en écrire encore aujourd'hui. On peut continuer à expérimenter le rythme si particulier de cette forme poétique et vraisemblablement musicale à l'origine. Les rondeaux de ce recueil ont d'ailleurs été écrits avec l'arrière-pensée que l'on puisse y ajouter de la musique sous leurs mots.

Le musicien Jean-Marc Quillet (qui a accepté de rédiger la préface de ce livre) a d'ailleurs commencé à transformer quelques-uns des textes du présent recueil en chansons.

Historiquement le rondeau a probablement d'abord été une forme poétique destinée à être mise en musique. Le

---
12 Joachim du Bellay, Défense et illustration de la langue française, 1550
13 Le Palinod (fêté le 8 décembre) était une fête religieuse en l'honneur de la conception de Jésus par la vierge Marie. Depuis 1486 les poètes étaient invités à fêter cet événement à travers la rédaction de rondeaux.
14 Guillaume Colletet (1596-1659), Traité du Sonnet (1658)

musicien et poète Guillaume de Machault (1300-1377) a écrit des rondeaux pour les mettre en musique. On sait que la structure du rondeau que Guillaume de Machault utilisait n'était pas celle qui a ensuite été « codifiée » au dix-neuvième siècle par Théodore de Banville dans son *Petit traité de poésie française* (1903) Théodore de Banville qui contemplait la poésie depuis le XIXe siècle semble penser que les meilleurs rondeaux étaient ceux du XVIIe siècle et il était persuadé que le meilleur auteur de rondeaux était Vincent Voiture (1597-1648) :

« *Voiture a été le roi et le maître du Rondeau. En ce petit poème, si vif, si léger, si rapide et sémillant d'allure, si net en même temps et si incisif, personne ne l'a surpassé ni égalé. Là est son triomphe absolu. Il a su amener et rattacher le refrain avec un art indicible.* Un buveur d'eau, Ma foi, Le Soleil, Pour vos beaux yeux, Un petit, Dans la prison, En bon français *sont des modèles qu'il faut relire et étudier encore si l'on veut ressusciter le Rondeau, ce joli poème né gaulois, qui vaudra peut-être le Sonnet le jour où il aura trouvé son Pétrarque.* »[15]

Il suffit de prendre presque au hasard un des rondeaux de Vincent Voiture mentionnés par Théodore de Banville pour trouver la structure du rondeau telle qu'il la définissait. Prenons donc le rondeau intitulé Le Soleil :

« *Le soleil ne voit ici-bas
Rien qui se compare aux appas,
Dont Philis nos sens ensorcelle,*

---

15 Article « Voiture » par Théodore de Banville in Les Poètes Français, recueil publié sous la direction de M. Eugène Crépet, tome II, page 479

Son air n'est pas d'une mortelle,
Sa bouche, ses mains, ni ses bras.

Ses beaux yeux causent cent trépas ;
Ils éclairent tous ces climats,
Et portent en chaque prunelle
Le soleil.

Tout son corps est fait par compas
La grâce accompagne ses pas :
Enfin Vénus n'est pas si belle,
Et n'a pas si bien faites qu'elle
Les beautés qui ne voyent pas
Le soleil. »

C'est cette structure du rondeau qui pour Théodore de Banville constitue la seule véritable définition du rondeau... Celle qu'il retient dans son *Petit traité de poésie française* :

« Le Rondeau peut être écrit en vers de dix syllabes avec césure à la quatrième syllabe, ou en vers de huit syllabes. Il peut commencer par un vers masculin ou par un vers féminin. Il est écrit sur deux rimes. Il contient dans son ensemble, treize vers, et se compose :

1° De trois strophes, dont la première et la troisième ont chacune cinq vers, et dont la seconde a trois vers ;

2° D'un refrain, que constituent le premier mot ou les premiers mots du premier vers, et qui s'ajoute —sans que ses syllabes finales riment avec rien —au bout de la seconde strophe et au bout de la troisième strophe. [...] Le Refrain ne compte pas dans le nombre des vers, et en effet il n'est pas un vers. Il est plus et moins qu'un vers car il joue dans l'ensemble du Rondeau le rôle capital. [...] Car ce n'est que pour répéter trois fois ce mot persuasif ou cruel, ce n'est que pour lancer au même but l'une après l'autre ces trois pointes d'acier qu'on les ajuste au bout des strophes, qui sont à la fois le bois léger et les plumes aériennes du trio de flèches que représente le Rondeau. »

« *J'aurais pu trouver trois rondeaux de Voiture plus variés de ton et de rythme que ceux que j'ai cités : mais j'ai choisi ceux-là parce qu'ils enseignent bien comment le Refrain peut être varié si diversement, soit par la pensée qui le transforme, soit par le tour de phrase qui se renouvelle, soit même par une audacieuse équivoque de mots. En somme dans le Rondeau, le Refrain doit ressembler à un de ces clowns dont les bonds effrénés déconcertent les prévisions instinctives de notre regard, et qui nous apparaissent cassés en zigzag comme des éclats de foudre, au moment où nous attendons à les voir frétillants dans le sable comme des couleuvres, ou furieusement lancés en l'air comme des oiseaux. Mais le dernier mot du secret appartient à Voiture qui, bien consulté, dira tout !* »[16]

Théodore de Banville n'avait sans doute pas tort d'inviter à relire Vincent Voiture. Lire les vers de celui qui était un pilier

---

16 Théodore de Banville, Petit traité de poésie française, Bibliothèque Charpentier, 1903

(rimeur à la demande) du salon de Madame de Rambouillet invite à écrire, invite même à écrire vite avec diligence, en enroulant son texte dans ce véhicule à l'exigence stricte qu'est le Rondeau. Le cinquante-deuxième texte de ce recueil est un hommage facétieux à Vincent Voiture..

Il le méritait car il a réintroduit la mode du rondeau dans la littérature française en 1638 par un texte qui est aussi une manière de mode d'emploi de cette forme d'écriture :

> « *Ma foi ! C'est fait de moi, car Isabeau,*
> *M'a conjuré de lui faire un rondeau ;*
> *Cela me met en une peine extrême.*
> *Quoi ! Treize vers, huit en eau et cinq en ême*
> *Je lui ferais aussitôt un bateau.*
>
> *En voilà cinq pourtant en un monceau*
> *Faisons-en huit en invoquant Brodeau,*
> *Et puis mettons par quelque stratagème :*
> *Ma foi ! C'est fait.*
>
> *Si je pouvais encor de mon cerveau*
> *Tirer cinq vers, l'ouvrage serait beau.*
> *Mais cependant je suis dedans l'onzième,*
> *Et ci je crois que je fais le douzième : ;*
> *En voilà treize ajustés au niveau :*
> *Ma foi ! C'est fait.* »[17]

Ce rondeau fait n'est plus à faire, mais il est une belle invitation à l'écriture légère et dilettante, et tant pis si Voiture

---
17 Cité in Paul Gaudin, Histoire du rondeau

compte treize vers au lieu de quinze. Je dois une partie de ce recueil à ma lecture de Vincent Voiture. Mais j'ai aussi relu Clément Marot, car à fréquenter la langue du XVIe siècle qu'il y a encore beaucoup à apprendre sur le rythme et la cadence rapide du rondeau :

> *Dedans Paris, Ville jolie*
> *Un jour passant mélancolie*
> *Je pris alliance nouvelle*
> *À la plus gaye Damoysele*
> *Qui soit d'ici en Italie,*
> *D'honnesteté elle est saisie,*
> *Et croy —selon ma fantaisie*
> *Qu'il n'en guère de plus belle*
> *Dedans Paris,*
>
> *Je ne vous la nommerai mye,*
> *Sinon que c'est ma grande Amye,*
> *Car l'alliance se fit telle,*
> *Par un doux baiser que j'eus d'elle*
> *Sans penser aucune infamie*
> *Dedans Paris...*[18] »

On constate que dans les rondeaux précédemment cités la structure décrite par Théodore de Banville est parfaitement respectée. Je n'ai, dans le présent recueil, respecté strictement cette structure que dans les cinq premiers rondeaux ainsi que dans le soixante-dixième : *Suffira-t-il d'un rêve*. Pour les autres j'ai préféré répéter le premier vers en entier plutôt que les premiers mots seulement. Peut-être est-ce une volonté

---

18 Clément Marot (1496-1544) *De sa grande amye.*

d'expérimenter un rythme qui m'est apparu naturel ? Peut-être est-ce aussi parce que la forme du rondeau a beaucoup évolué dans le temps, en fonction des époques et des modes et que j'ai voulu écrire des rondeaux d'aujourd'hui ?

La forme décrite par Théodore de Banville n'est en effet pas la seule en usage. Au quatorzième siècle Guillaume de Machault écrivait ses rondeaux sur une structure plus légère, mais avec davantage de répétitions. Voici un exemple pour qu'on en juge :

> « *Blanche com lys, plus rose que vermeille,*
> « *Resplendissant com rubis d'oriant,*
> « *En remirant vo biauté non pareille*
> « *Blanche com lys, plus rose que vermeille,*
>
> « *Suy si ravi que mes cuers toudis veille*
> « *Afin que serve, à loy de fin amant,*
> « *Blanche com lys, plus rose que vermeille,*
> « *Resplendissant com rubis d'oriant.* »[19]

J'ai choisi d'utiliser cette structure en huit vers, avec cette répétition particulière du premier vers et des deux premiers vers dans les rondeaux numéro 87, 88 et 89.

En citant ces quelques exemples tirés de Vincent Voiture, Clément Marot et Guillaume de Machault, j'ai souhaité souligner le fait que je ne suis pas parti de nulle part pour *jouer* à écrire des rondeaux. Leur longue histoire mériterait sans doute encore bien d'autres développements,

---
19 Cité in « Les Oeuvres de Guillaume de Machault » publiées par P. Tarbé en 1849 (page 51).

bien d'autres études, mais il ne faut jamais allonger inutilement une postface. Je ne résiste toutefois pas au plaisir d'enrichir mes digressions avec un petit bijou qui concerne mon sujet : l'exploit amusant d'un fameux faiseur de rondeaux : Isaac de Benserade[20] qui a publié en 1676 *Les Métamorphoses d'Ovide en rondeaux*. Cet ouvrage curieux mérite d'être lu pour savourer la prose du XVIIe siècle mais surtout parce qu'il me permet de trouver les mots d'excuses qui doivent absolument figurer dans la postface du présent volume :

« *Dans ce volume ou sont toutes les Fables,*
« *S'il est glissé des fautes peu notables,*
« *Ou qui ne soient que de l'impression,*
« *Manque de soin, et d'application,*
« *Un mot pour l'autre, elles sont excusables.*

« *D'autres peut-être, et bien moins supportables,*
« *Comme au bon sens plus préjudiciables*
« *Mériteraient une correction.*
« *Dans ce volume.*

« *Pour moi parmi ces fautes innombrables*
« *Je n'en connais que deux considérables,*
« *Et dont je fais ma déclaration,*
« *C'est la l'Entreprise, et l'Exécution,*
« *À mon avis fautes irréparables.*
« *Dans ce volume.* »

---

20 Isaac de Benserade (né en 1612 à Lyons-la-Forêt mort en 1691 à Gentilly). Il fut un poète en vogue à la cour du roi-soleil. D'abord pensionné par Richelieu, Mazarin puis Louis XIV.

Dans ce volume je ne prétends pas avoir écrit des textes parfaits. J'ai voulu chercher, expérimenter, exprimer quelque chose du temps présent. C'est à toi chère lectrice, cher lecteur, de les lire au logis (ou ailleurs) pour y butiner miel à ton usage.

Ces textes sont le produit d'une rédaction quotidienne (j'ai donc attribué à chacun d'eux la date de leur écriture). Ces rondeaux forment une sorte de journal d'un été, sentiments d'un instant, mots échangés, échos de conversations autour d'une table ou par écrans interposés.

Pour patienter avant leur mise en musique si tu veux écouter ces rondeaux c'est possible. J'ai diffusé sur les réseaux sociaux plusieurs d'entre-eux, à la date de leur écriture, sur ma chaîne Youtube et via mon profil Instagram sous le hashtag #UnJourUnRondeau[21].

Certains de ces textes sont nés d'une promenade en ville ou à la campagne, de conversations amicales, d'autres ont été suscités par les ateliers d'écriture que j'anime régulièrement à Rouen, d'autres sont des réponses à des défis d'écriture lancés par telle ou tel internaute (et peut-être même par toi qui lit ces lignes), tous sont nés de mes lectures, de mes rencontres des humeurs vagabondes d'un jour. Ils te sont adressés à toi, toi qui les lira.

J'ai décidé de publier ces cent rondeaux d'un été pour qu'ils suscitent de la musique, des images, des lectures et d'autres textes. Je te confie donc ce travail, en attendant qu'un livre suivant se termine au logis...

---

[21] Voir mon compte Instagram @ThiryPierre ma chaîne Youtbe et mon site internet http://www.pierre-thiry.fr

Table des matières

Préface par Jean-Marc Quillet... p. 5

1° Il charlate...p. 9
2° Il paradait..p. 10
3° Le triacleur...p. 11
4° Il pérpétue..p. 12
5° Il restitue...p. 13
6° Le cheval étonné..p. 14
7° Il chante il chuchote..p. 15
8° Maupassant n'oublie pas..p. 16
9° Les tableaux de l'antiquité.......................................p. 17
10° L'ombre près du ruisseau.......................................p. 18
11° L'auteur épris de distordu......................................p. 19
12° Un tout ce qu'on quoi..p. 20
13° Il broie du noir..p. 21
14° Insoucieuse...p. 22
15° K..p. 23
16° La chaise du poète...p. 24
17° L'arable..p. 25
18° L'éphémère...p. 26
19° La paresse est éducative..p. 27
20° Spectateurs...p. 28
21° Fenêtres..p. 29
22° Feu grossier..p. 30
23° Roman mode d'emploi..p. 31
24° L'heure aux freins...p. 32
25° Le pêcheur de nuage...p. 33
26° Madame Abeille...p. 34

27° La plume..................p. 35
28° Le maladroit..................p. 36
29° Indomptable..................p. 37
30 Le nuage et l'autruche..................p. 38
31 Sans râteau..................p. 39
32° Gesticule et barbote..................p. 40
33° Page blanche..................p. 41
34° Le gentleman..................p. 42
35° L'hippocampe compte..................p. 43
36° Le rondeau fêté..................p. 44
37° L'empire des bavards..................p. 45
38° Monde révolu..................p. 46
39° Elle avait un truc en plus..................p. 47
40° Je lançais des cailloux..................p. 48
41° Le désespoir..................p. 49
42° Est-il terrible ?..................p. 50
43° Rhétorique..................p. 51
44° Fastes..................p. 52
45° Incompris..................p. 53
46° La mode à Paris..................p. 54
47° Combourg je suis venu..................p. 55
48° La Muse Ysque..................p. 56
49° En dilettante..................p. 57
50° Lire..................p. 58
51° Éloge du masque..................p. 59
52° Ce peu poétique monsieur..................p. 60
53° Écoute l'arbre..................p. 61
54° Le débat blopfant..................p. 62
55° Proverbe chinois..................p. 63
56° Elle enchante..................p. 64

57° Bal surgit du parfum..................p. 65
58° Tu n'es pas ennuyeux..................p. 66
59° Tout reverdit..................p. 67
60° La deux chevaux à fleurs..................p. 68
61° Écrire à la cuillère..................p. 69
62° C'était la lune..................p.. 70
63° Dense heurts..................p. 71
64° Scène d'été..................p. 72
65° Voyage..................p. 73
66° Il rebondit..................p. 74
67° Plume d'Isandre..................p. 75
68° Sans cesse aux aguets..................p. 76
69° Obscure légende..................p. 77
70° Suffira-t-il d'un rêve ?..................p. 78
71° Bientôt va surgir..................p. 79
72° Baroque..................p. 80
73° Le rondeau..................p. 81
74° Termine au logis..................p. 82
75° Le cygne aussi..................p. 83
76° Tu risques vers l'est..................p. 84
77° La fille à panache..................p. 85
78° Beauté piquante..................p. 86
79° Hécate et le dandy..................p. 87
80° N'oubliez pas le..................p. 88
81° Le pinson Chopin..................p. 89
82° C'est toujours kommssakssassepasse..................p. 90
83° Roman potentiel..................p. 91
84° Dans mon enfance..................p. 92
85° Recette du rondeau touristique..................p. 93
86° Où est-elle ? Où va-t-elle ?..................p. 94

87° Quand ta barque..p. 95
88° La flambante...p. 96
89° Monstre antique acrobate..................................p. 97
90° Écoute le souffle du monde...............................p. 98
91° Un miroir...p. 99
92° Ce nuage...p. 100
93° Il se dresse étrange...p. 101
94° C'était un joyeux scribouillard..........................p. 102
95° Le mûrissement du dialogue..............................p. 103
96° Tout le monde imagine.......................................p. 104
97° Tu en ignorais tout...p. 105
98° Dans la flaque..p. 106
99° Le rouge-gorge..p. 107
100° Cinéma..p. 108
Postface en forme de terminologie...........................p. 109

© Pierre Thiry (texte et photos de couverture)

© Jean-Marc Quillet (préface)

Editions : BoD – Books on Demand 12/14 rond point des Champs-Elysées 75008 Paris Impression : Books on Demand, Norderstedt, Allemagne

ISBN 9782322252060